007

GÜNTER GRASS **DUMMER AUGUST**

GÜNTER GRASS

DUMMER AUGUST

Steidl

Christa Wolf gewidmet

INHALT

Hart und leicht **6**

Was im Laub raschelt **8**

Wohin fliehen **10**

Wie im Radio angesagt **11**

Am Pranger **13**

Dummer August **14**

Rote Beete **17**

Irdische Freude **18**

Nach kleinem Streit **21**

Dorsch frisch vom Kutter **22**

Vorfreude **25**

Ich, deutscher Zunge **26**

Hin und her endlos **27**

Nach fünf Jahrzehnten

   oder Elf Runden **28**

Fragen **31**

Guter Rat **32**

Beschönigung **33**

An jenem Montag **35**

Nichts Neues **37**

Der Fische Geständnis **39**

Stille von kurzer Dauer **40**

Notfalls Kichererbsen **43**

Ich lese **44**

Schlaflos **48**

Nachleben **48**

Global gesehen **49**

Schuhwechsel **51**

Vergleichsweise **52**

Waldgängers Klage **56**

Schaden auf Dauer **57**

Helden von heute **58**

Mein Makel **59**

Im Gehen **64**

Ulvshale Skov **66**

Verstiegener Wunsch **68**

Kurzgefaßte Gedichte **70**

Auf Suche **72**

Letzte Runde **73**

Was bleibt **76**

Goethe: Wanderers Gemütsruhe **78**

Zeitvergleich **79**

HART UND LEICHT

Was liegt, was der Wind bringt:
    Steine und Federn,
        von der Wiese gesammelt.

Stille nimmt zu.
    Nur noch die toten Freunde brabbeln,
        wer was über wen gesagt hat,
            auch Endgültiges, damals,
                als alle zugleich sprachen.

Bald – ist zu ahnen –
    werde ich nur noch mit mir plaudern,
        redselig wie ich bin.

Hart und leicht.
Das liegt,
was der Wind bringt

Steine und Federn
von der Wiese
gesammelt. –

Stille nimmt...

Nur noch die toten Freunde brabbeln,
uns, aber über neu gesagt hat,
as alle
zugleich
sprächen

Bald werde
ich mir noch...

WAS IM LAUB RASCHELT

Wie üblich Mäuse?
  Oder beflissen der altgediente Verdacht
    auf der Suche nach etwas,
      das nicht, noch nicht
        ans Licht kam?

Oder rühren sich Pilze?
  tritt endlich, nach trockenem Juli,
    wenn auch sogleich von Schnecken befallen,
      einzeln und unverkennbar
        der Steinpilz auf?

8

Mäuse?
oder
der
auf der Suche nach
etwas,
das nicht, noch nicht
ans Licht kam?
Oder
mehrere
Pilze,
kommt
endlich
nach trockenem Sommer,
wenngleich von Schnecken
befallen,
der unverkennbare
Steinpilz?

WOHIN FLIEHEN

wenn alle Inseln verkauft sind,
   jede Höhle vom schlaflosen Auge bewacht wird,
     und an Großmutters Röcken,
       unter denen zeitweilig Zuflucht zu finden war,
         ein Zettelchen klebt,
           das mit Großbuchstaben BESETZT sagt?

Also bleiben,
   wechselnde Wetter aushalten
     und wie gelernt
       gegen den Wind spucken,
         denn noch
           ist nicht alles gesagt.

WIE IM RADIO ANGESAGT

fiel endlich Regen.
  Plötzliche Schauer wuschen weg,
    was als Zeichen geritzt in Sand stand.

Als wollte sie mich in den Schlaf singen,
  sagte an meiner Seite die Frau
    der Freunde Namen auf, immer wieder,
      und ich sprach ihr nach.

Alles wird gut oder besser,
  hieß ihr Versprechen;
    doch nur das Wetter änderte sich.

Am Pranger

Es geschah, nachdem mir die Zwie...
hilfreich geworden a...
Nun steht er ge...
Sie mich

Haut nach Haut
Seht !
reißen getzt viele,
zur Hand nehmen wollen

weil sie be...
etwas, nei...
nicht
das sie Ker...

AM PRANGER

Es geschah, nachdem mir die Zwiebel
    Haut nach Haut
        hilfreich geworden war.

Seht, nun steht er gehäutet da,
    rufen jetzt viele,
        die nicht die Zwiebel zur Hand nehmen wollen,
            weil sie befürchten, etwas, nein, schlimmer,
                nichts zu finden,
                    das sie kenntlich werden ließe.

13

DUMMER AUGUST

Wie während Kinderjahren der Clown
   im Zirkus Sarrasani,
      so gleichen Namens der Monat.

Faxen machen,
   Grimassen schneiden,
      wie einst mit vierzehn.

Schon komme ich mir komisch vor,
   gestellt vors Schnellgericht
      der Gerechten.

Und auch der spitze Hut, gedreht
   aus der Zeitung von gestern,
      kleidet, weil allzeit gültig.

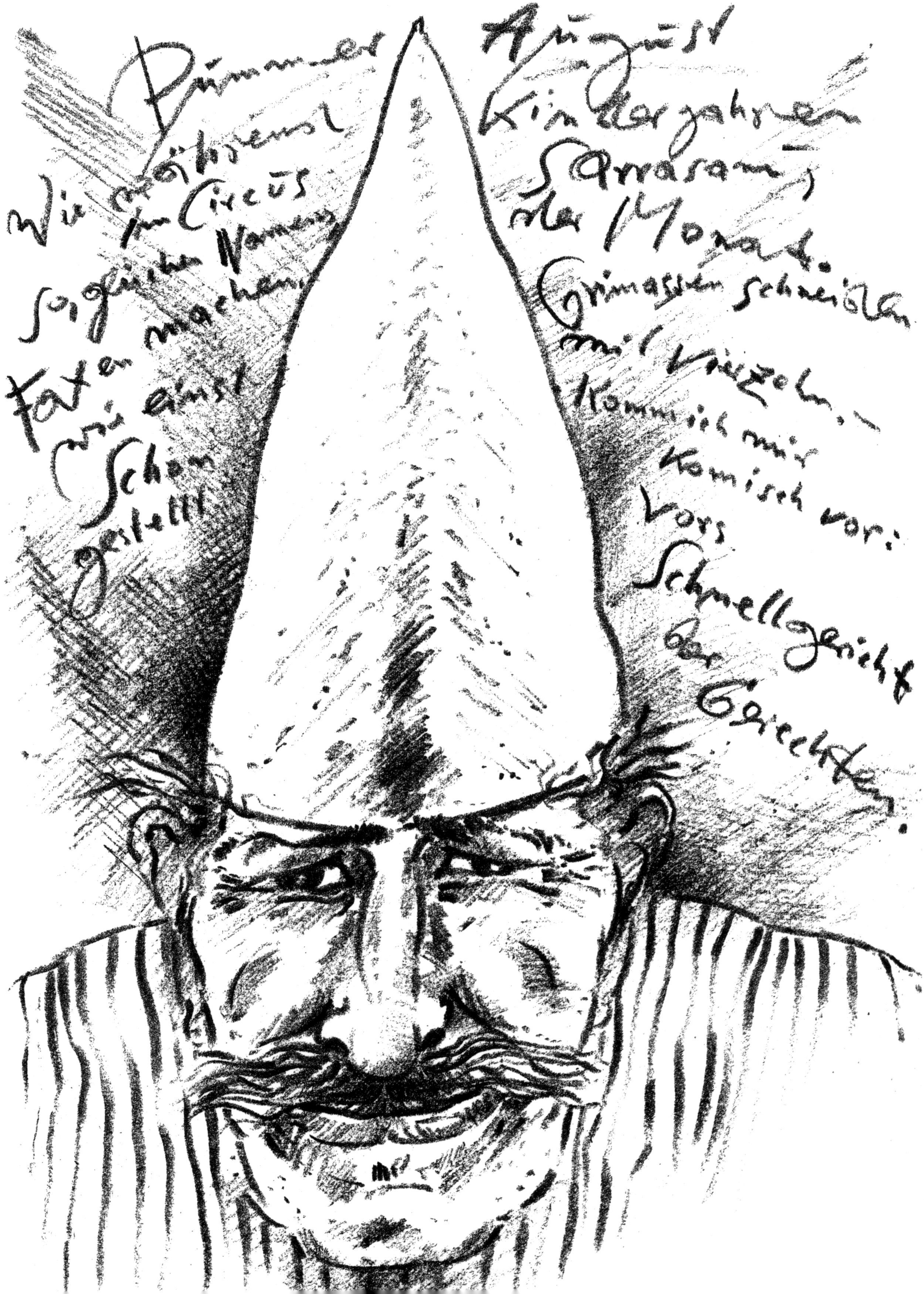

An heißen Tagen
Aus roten Beeten
die kalte Suppe,
zuvor in klarer Fleischbrühe

gekocht und
mit Dill

abgeschmeckt,
zugleich mit
Kleingehacktem an
Gedanken an

ROTE BEETE

in Knochenbrühe gekocht,
   erkaltet für heiße Tage,
      mit Dill abgeschmeckt,
         zudem mit kleingehackten Gedanken
     an Suppen,
       einst gelöffelt in Polen,
        als alles knapp war.

IRDISCHE FREUDE

Heines Zuckererbsen aus Schoten
 grün springen lassen:
  ein Kindervergnügen,
   von dem alte Männer erzählen,
    zum Beispiel ich mit zittriger Hand.

NACH KLEINEM STREIT

kauen wir frischgeschnittenen Mais,

der, kurz gekocht,

dann den Kolben lang

sparsam gebuttert wird,

auf daß er uns,

nicht nur die Kinder

stumm macht.

Kein Korn bleibt übrig.

DORSCH FRISCH VOM KUTTER

den uns Olaf, das Hinkebein,

in den Plastikbeutel schmeißt.

Die Köpfe auf kleiner Flamme

zum Sud verkocht, bis obenauf

die Augen weiß schwimmen. –

Keine Fischsuppe ohne Vorgeschichte.

5 Dodsch fried vom Knittel,

benütze Olali,
das kleinste Beim,

das zwei in Du Plastikbeutel schmeißt,

Denk, die Köpfe
auf kleiner Flamme
zum Sud verkocht.

bis weiß os anrauf
die Augen Schaumen.

Keine Fischsuppe ohne Vorgeschichte.

Vorfreude

Essig und Öl verrührt.

O Prinz trinke wie
Blatt nach Blatt
bis sie
zwischen den Zähnen

zum Herz hin
fleischiger werdend;

Artischocken oder
ein Lehrmittel in Sachen Geduld.

VORFREUDE

Essig und Öl verrührt.

Drein tunken wir Blatt nach Blatt,

bis sie zum Herzen hin zwischen den Zähnen

uns fleischiger werden;

Artischocken

oder ein Lehrmittel in Sachen Geduld.

ICH, DEUTSCHER ZUNGE

Leise, auf Socken
  huschen die Wörter übers Papier
    und bilden Sätze wie diese:
      Wir sind billig zu haben.
        Uns kann man tauschen.
          Wir sind verderblich.
            Uns sagt man Anfang und Ende nach.

Jetzt lösche ich Wörter,
  bis wieder weiß das Blatt
    und gefällig des Schreibers Hand;
      Zwang, der mich knechtet,
        mein lebenslanges Vergnügen.

Schwund und Gedränge.
  Gesprochen, geschrieben.
    Ich, deutscher Zunge:
      mit drei Buchstaben nur
        wird endlich Sprache versagt.

HIN UND HER ENDLOS

Scham kriecht ins Loch,
   das bewohnt ist bereits.
Nun reibt sich Scham an Scham
   im Vergleich miteinander.
Nun, weil überzählig,
   muß Scham ans Licht und ist fortan
     von schamfreier Meute umringt.
Hingeworfen als Knochen will Scham
   nun wieder ins Loch kriechen,
     ist dort nicht willkommen.
Hin und her Scham, auf der Suche
   nach gleich kurzem Wort.

NACH FÜNF JAHRZEHNTEN
ODER
ELF RUNDEN

zeigt er jetzt Wirkung, wankt jetzt,
 ist angeschlagen, zeigt,
  daß er Wirkung zeigt deutlich,
   wirkt endlich – Wurde auch Zeit! –
    ablesbar angeschlagen und ist, was keinem
     der erprobten Punktrichter entgeht,
      verletzt, jadoch, verletzt,
       gibt sogar zu, was er nicht tun sollte –
        Soll endlich schweigen, das Großmaul! –,
         verletzlich zu sein,
          wird ausgezählt nun – Aus! Aus! –
           und begleitet von Buhrufen
            und nur vereinzeltem Beifall
             aus dem Ring getragen:

Erledigt,
 endgültig erledigt,
  sagen übereinstimmend
   unsere literaturkundigen Kommentatoren,
    die neuerdings das Geschehen im Ring
     wortmächtig und für jedermann
      zum Erlebnis machen;

doch soll – das ist in den warmen Stuben
 aller Schnellschreiber zu hören – der Verletzte,
  als man ihn wegtrug, die Namen
   etlicher Heilpflanzen gemurmelt haben,
    auch den der wahrheitsliebenden Binse.

Fragen

Was t... Zeitung – Bald weil welche? –
Mit oder ohne ... das Gesicht schützen!
Oder den Leser bitten, das Buch aufzuschlagen,
damit er mich finde,
verborgen eine Zeit,
die nicht enden will?
Jetzt ... schnell Schritte
auf abschüssigen Wegen,
weiß nicht die Richtung –
Fragend blickt mich der Hund an.

FRAGEN

Was tun?

    Mit der Zeitung – doch mit welcher? –

        das Gesicht schützen?

Oder den Leser bitten, das Buch aufzuschlagen,

    damit er mich finde, verloren in einer Zeit,

        die nicht enden will?

Jetzt übe ich Schritte

    auf abschüssigen Wegen,

        weiß nicht die Richtung.

Fragend blickt mich der Hund an.

GUTER RAT

Sobald ich einknicke

  oder ins Unterholz krauchen will,

    rufen pünktlich die Freunde:

Das mußt du aushalten!

  Das kannst du aushalten.

    Das ist Neid nur, das Sommerloch.

     Geht vorbei.

      Muß man aushalten.

Ja, sage ich, klar doch.

  Ist ja nur üblicher Neid.

    Das Sommerloch, wie gehabt.

     Wird ausgehalten,

      solange das dauert und dauert …

Und krauche dann doch

  knickbeinig ins Unterholz.

    Ach, meine Freunde, wie gut, daß ihr Rat wißt.

BESCHÖNIGUNG

Der Morgen ist schön.

Wolken bauschen sich schön.

Schön sind Federn und Steine.

Die Weite zum Horizont hin ist schön.

Schönfarbiges Moos auf morschem Holz.

Schön flammt dein Haar im Gegenlicht.

Schön im August sind Spinnweben;

und selbst sie,

die lauernde Spinne,

ist von erschreckender Schönheit.

Das alles und mehr

sag ich mir auf immer wieder:

Schön ist der Morgen ...

und würg so den Ekel ab,

der mich faßt,

sobald ich – wider jede Vernunft –

die Zeitung aufschlage.

AN JENEM MONTAG

sickerte an altbekannt schadhafter Stelle
  Trauer durch: tropf tropf in den Eimer,
    bereitgestellt für den Fall.

Dann zeichnete ich – und das half –
  einen Distelzweig, Spitze nach Spitze,
    zudem die Nacktschnecke, mein Wappentier.

Dann rief mich das Telefon.
  Ja, sagte ich, es geht,
    wenn auch langsam.

Nichts Neues
Am Abend Kühe.
Zwischen den Zäunen

Stehen
sie still
und wissen
Dann—

Ziehen sie
Feierlich
Langsam und
—wie mir scheint
ein wenig
enttäuscht!
weil ich mir
Altbekanntes
Ri bieten habe.

einander nichts zu sagen,
wie auf Weisung von
Nirgendwo.

NICHTS NEUES

Am Abend die Kühe.
  Zwischen uns der Zaun.
    Stumm staunen wir einander an
      und wissen nicht viel zu sagen.

Dann – wie auf Weisung von nirgendwo –
  ziehen sie ab, feierlich langsam
    und – wie mir scheint –
      ein wenig enttäuscht, weil ich
        nur altbackenen Jammer zu bieten habe.

Der Fische Geständnis

Plattardings Flündern, sieben
an der Zahl, geköpft und Maul
gegen Maul
zum letzten Gespräch gelegt:

Endlich – was ihnen
nachgesagt wird –
das Schweigen gebrochen.
Kurzer Atem,
Blibberworte.
Jemand schreibt mit.

DER FISCHE GESTÄNDNIS

Platterdings Flunderköpfe,
    sieben an der Zahl
       und Maul gegen Maul gelegt.

Endlich brechen sie,
    was ihnen nachgesagt wird,
       ihr Schweigen.

Jemand schreibt mit.

STILLE VON KURZER DAUER

Danach lief siebenbeinig ein Hund durchs Dorf.
   Sogleich liefen alle ihm nach und zählten
      mal mehr, mal weniger als sieben Beine.

Endlich fand ich Zeit,
   mir ein Eis zu kaufen: Stille,
      zwei Kugeln lang: Vanille Banane.

Danach war der Hund vierbeinig nur.

Stille von kurzer Dauer

Danach lief sieben beinig
ein Hund durchs Dorf.
Sogleich liefen alle ihm nach
und zählten mal mehr
mal weniger als sieben Beine.
Endlich fand ich Zeit,
mir ein Eis zu kaufen: Stille,
zwei Kugeln lang: Vanille Banane...
Danach war der Hund vierbeinig mir.

Notfalls helfen Kichererbsen

Weil mir das Lachen vergangen ist,
lerne ich, mich mit Hilfe kleiner Dinge,
zum Beispiel, angesichts
meines Radios, zärtlich zu erheitern.

Noch längerem Hinschauen habe ich
die Gartenhandschuhe, wie zum
Gebet gefaltet,
auf dem Küchentisch
ziemlich kosmisch.

Und als ich im Wald
einen Pfarrer,
Mitte fünfzig,
an Ostern Kaninchen
in jeweils Kaninchenböcke
verschiedener Richtung zerten
So bemüht langanhaltend Pöbelchen
mache ich mich lustig.

NOTFALLS KICHERERBSEN

Weil mir das Lachen vergangen ist,
    lerne ich jetzt,
        mich mit Hilfe gebrauchter Gegenstände,
            zum Beispiel angesichts eines Radiergummis
                zu erheitern.

Nach längerem Hinschauen werden mir
    die Gartenhandschuhe meiner Frau,
        die, gefaltet wie zum Gebet,
            auf dem Küchentisch liegen,
                ziemlich komisch.

Oder ich treffe im Wald
    einen Mann, Mitte vierzig,
        den an kurzen Leinen drei Rauhhaardackel
            in jeweils verschiedene Richtung zerren,
                worauf mir Gelächter gelingt.

So, tagtäglich bemüht, mache ich mich lustig.

ICH LESE

seit Tagen, auch nachts,

sobald mich der Schlaf meidet,

Schlingersätze, in deren Kurven und Kehren

Last abgeworfen und sogleich,

wie auf Zuruf von jedwelcher Seite,

anfallendes Gepäck geladen wird,

dem als Schwellkörper – denn sie blasen sich auf,

blasen höchst eigenhändig sich auf –

Zitate beigemengt sind,

mit Vorzug aus Burtons Anatomie der Melancholie,

die, um des Widerspruchs Willen,

zeilensatt von Zitaten gelöscht werden,

die schon anderswo, etwa

in Montaignes Essay über Kindererziehung, Zitat sind.

Was alles schief ging: von der Zeugung des Helden an,

in deren Verlauf sich erweist, daß der Vater,

auf Fragen der Mutter,

bevor er zeugte, vergaß, die Uhr aufzuziehen, jadoch!

vergaß, wie gewohnt, die Uhr aufzuziehen,

weshalb denn auch seit der Geburt,

und nachdem allseits die Taufe beredet war,

also gut dreihundert Seiten später – weil ja

Dr. Slops Zange und der Küchenmagd Schußlichkeit –,

die Nase plattgedrückt ist

und der Vorname auf immer und ewig

verhunzt bleibt.

Tristram Shandy, des Gentleman Leben und Ansichten

in neun Büchern, deren Handlung mal rückläufig,

mal querbeet verweilt, dann – und bei Laune –

nach Echternachs Schrittfolge

oder auch kurzweilig auf der Stelle tretend,

weil jeglicher Beschleunigung abhold,

dennoch voran, im Steckenpferdtrab vorankommt

und dabei des armen Yorick Predigt, weitere Schweifreden,

wie des Vaters Sermon über Vor- und Nachteile

der Beschneidung von Knaben, nicht ausläßt

sowie nie vergißt, auf Onkel Tobys Schamleiste

und deren keusche Umschreibungen hinzuweisen,

wie sie auf flandrischem Schlachtfeld lädiert wurde,

und weshalb sich die gute Seele

bei wechselnden Anlässen auf Kosten

der hungernden Iren und des Heiligen Patrick

ein lustig Liedchen pfeift: Lilliburlero …

Ach, Onkel Toby, all deine Mühe um Fortifikationen,

Hornwerke, das Belagerungswesen zur Zeit Vaubans

und des Spanischen Erbfolgekrieges,

was fiele dir wohl ein – und welche Zitate wären dir Stütze –,

wenn es heutzutage dazu käme – wie dazumal,

laut Utrechter Beschluß, die Bastionen Dünkirchens –,

nunmehr, samt Schengener Abkommen,

die Festung Europa zu schleifen,

auf daß endlich und ungehemmt

der fleißigen Welt Überschuß

komme und komme,

damit wir zukünftig gut durchmischt

oder durchrasst, wie der Bayer sagt,

uns in neuer Sprache erfinden dürfen?

O du Schwarzrock von Gottes und Teufels Gnaden,

siebenhundertvierundvierzig Seiten lang – nicht gezählt

die oft versprochenen, doch allen Steckenpferdreitern

vorenthaltenen Kapitel über Knopflöcher

und deren tiefere Bedeutung – quasselst du,

sogar in anderen Sprachen gespiegelt,

was der mäandernde Wortfluß hergibt,

bist uns Schlafpulver, Weckruf zugleich,

stellst deinen Kritikern wortüberlaubte Fallgruben,

triffst Pfaffen jeder Schattierung mit einer Klappe,

verzögerst den Gang treppab,

zählst, dich bildend auf Reise durch Frankreich,

nur sehenswerte Blindstellen

und von Station zu Station

Postkutschenkosten als bleibenden Gewinn auf,

gönnst aber dem Auge der Mutter kapitellang

den Blick durchs zugige Schlüsselloch,

damit die der Witwe angetragene Liebe

bezeugt werden kann,

greifst nach Stichwörtern,

vom Zufall geworfen,

schweifst ab, schweifst ab

und läßt doch ab und an

ganze und halbe Seiten frei,

auf denen ich,

dein hinterrücks lachender Leser,

Platz finde für den Nachtrag

meiner dir folgsamen Feder:

Als man in London das Grab des Schriftstellers Laurence Sterne öffnete,

wurde zwischen Gebein – angesägt –

sein Schädel gefunden;

zu Zeiten der Aufklärung wollte wohl jemand wissen,

wo genau des Autors Humor seinen Schleudersitz hat.

SCHLAFLOS

zählte ich meine Feinde
  und schlief ein überm Zählen.
Als ich erwachte,
  zählte ich Freunde auf,
    unter ihnen die toten,
      die doppelt zählten.

NACHLEBEN

Wie tröstlich: es sollen –
  so heißt es – die Zehen- und Fingernägel,
    womöglich die Haare auch
      über den Tod weg noch nachwachsen.
Legt mir eine Schere ins Grab.

GLOBAL GESEHEN

Nichts will sich reimen.

   Nachrichten fallen einander ins Wort.

      Und Skandale müssen, weil der Bedarf steigt,

         künstlich beatmet werden.

Keine Kosten scheuend,

   vertagen sich fieberhaft die Kongresse.

      Sogar bewegliche Objekte –

         gleich ob Hase oder Automobil –

           sind nirgendwo vor Einschlägen sicher.

Global gesehen ist alles möglich,

   seitdem die Erde ein Dorf

      und nicht rund, sondern flach wie gehabt ist;

         und wie die Börse spielt auch das Wetter verrückt.

Kein Chaos, das nicht gefilmt wäre,

   kein tatsächliches Gemetzel,

      das nicht die Kinder bereits

         in Videospielen geübt hätten.

Alles wackelt, ist fraglich

   nicht nur bei Beben mittlerer Stärke

      und plötzlichem Kursverfall;

         selbst der Papst – gewöhnlich unfehlbar –

           muß sich mit Hilfe von Fußnoten korrigieren.

Nach dem Schuhwechsel

Weil die alten,
die mich
über Stock und Stein
getragen haben,
mittlerweile rissig
und auf brüchiger
Sohle,
kaufe ich mir
ein passendes
Paar.

SCHUHWECHSEL

Weil die alten, die mich
   über Stock und Stein getragen hatten,
    mittlerweile rissig,
     und ich auf brüchiger Sohle,
      kam es zum Kauf: ein passendes Paar.

Nun knarrt das neue Leder selbstsicher
   bei jedem Schritt,
    als wollte es mich überleben.

VERGLEICHSWEISE

Dem einen, dem anderen Kaninchen
  das Fell über die Ohren gezogen;
    so sollte auch mir geschehen,
      auf daß ich nackt und bratfertig,
        dann mürbe und mundgerecht sei:
          die Leibspeise
            mißliebiger Gäste.

Vergleichsweise

Denn mein Fell liegt eben an, dem anderen
so sollte es auch sein,
auf daß ich nackt
in Erwartung

manischer
Vergnügen
geschehen,
und bälterlich
mir gleichgültiger Gäste...

Waldgänger Klage

Wenn mich ein ausgetretener Weg
oder abseits oder
Trampelpfade

mich zu längeren Sätze

wenn ich mich an Krabitre Sorte
nach Pilzen oder einem
verkrieche und Gezweig
und einem Gedanken
Teile

im Gestrüpp bei Fuß
und den Hund Rhythmik holpsam ist,
kleinsten Geltungsgeschädet,
sondern es mehr Decken,
die uns befallen.
sonst noch zunimmt, weltweit.

WALDGÄNGERS KLAGE

Wenn ich auf ausgetretenen Wegen
   oder abseits der Trampelpfade
     längere Sätze probiere,
und – auf Suche nach Pilzen –
   einem Gedanken hinterdrein bin,
     der mir entlief,
       nun ins Gestrüpp krieche,
        beidhändig Gezweig teile,
wenn mir der Hund bei Fuß
   und auf Rufweite folgsam ist,
     gefährdet den Waldgänger kleinstes Getier.

Jahr für Jahr sind es mehr Zecken,
   die uns befallen;
     und was sonst noch zunimmt: weltweit.

SCHADEN AUF DAUER

Der Wasserhahn tropft.
  Wie früher nach Gott,
    nun den Klempner rufen, sofort.
      Aber er kommt und kommt nicht.
Und als er dann kam,
  hieß es: Da ist nichts zu machen.
    Das ist so.
      Das bleibt.
        Schon gewöhnen wir uns.

HELDEN VON HEUTE

Als alles in Scherben fiel,
   hat man uns Jungs, dem letzten Aufgebot,
     nicht mehr die Kennzahl der Blutgruppe
      in des Armes Innenhaut tätowiert.

Das soll nun nachgeholt werden;
   die Helden von heute
     bestehen darauf.

Aber ich halte nicht hin;
   bin schon gezeichnet für jeden,
     der lesen will.

Sie aber kennen die Scham nicht,
   nur des Scharfrichters Ehrgeiz juckt sie,
     verletzend zu sein.

MEIN MAKEL

Spät, sagen sie, zu spät.
  Um Jahrzehnte verspätet.
    Ich nicke: Ja, es dauerte,
      bis ich Wörter fand
        für das vernutzte Wort Scham.

Neben allem, was mich kenntlich macht,
  hängt mir nun Makel an,
    deutlich genug
      für Leute
        mit makellos weisendem Finger.

Schmuck für restliche Jahre.
  Oder sollte Verkleidung,
    der Mantel des Schweigens probiert werden?
      Fortan umgäbe mich Stille
        inmitten quakender Frösche.

Aber schon sage ich ja, nein und trotzdem.
  Nicht zu bemänteln
    ist sanktioniertes Unrecht.
      Nie zu spät wird, was war und ist,
        beim Namen genannt.

Makel verpflichtet.

IM GEHEN

auf schattigen Waldwegen,
   entlang dem Wellensaum der See
      oder quer durch die Heide
         begegne ich mir.

Schritt nach Schritt
   kommen wir einander näher,
      warten auf uns,
         ohne Treffpunkte zu markieren.

Wenn der eine, der andere
   über Steine, den Wurzelstrunk stolpert,
      lacht der andere, der eine:
         Paß auf, Alter, wo du hintrittst!

Vergeblich versuchen wir,
   uns aus dem Weg zu gehen,
      das Gespräch, den bejahrten Konflikt,
         die Rechthaberei zu meiden.

Ich und er reden endlos
   über lang- und kurzzeilige Gedichte,
      über uns – wer sich genauer erinnert –,
         über das Elend der Aufklärung und so weiter …

So kam es zum Streit,

    dann – weil ermüdet – zur Versöhnung;

      es muß ja nicht Freundschaft sein,

        die uns bindet.

Neuerdings gehen wir, sparsam mit Worten,

    Seit an Seit: ich links, er rechts.

      Wir wollen zusammenhalten,

        wenn es knüppeldick kommt, demnächst.

ULVSHALE SKOV

In meiner Not
    zeichne ich im angrenzenden Wald
        altstämmige Buchen.

Jede anders glatthäutig, gerunzelt, verästelt
    und vielfüßig zu den Wurzeln hin
        vom Moos besiedelt.

Stille, weil selbst der Bleistift nahezu lautlos,
    während fernab Raketen einschlagen
        und beiderseits Tote gezählt werden,
            so daß ich mich wieder im Schußfeld erlebe
            oder umherirrend zwischen Bäumen.

Nicht enden will dieser Krieg.
  Und wie Flüchtlinge Zuflucht suchen,
    sind Wörter zielfern auf Suche nach Sinn.

VERSTIEGENER WUNSCH

Mit Bäumen reden: "Ich schnitt es gern
    in alle Rinden ein …"
Schmeichelhaftes rankt Stämme hoch,
    erstickt Äste, Gezweig.
Fallsüchtige Wörter, dem Laub gleich:
    mein Stammeln.
Was sich verkapselt hat,
    seit Zeiten verstummt ist.
Nur dieser Buche
    gestehe ich meine Pein.
Nun klettert wortwörtliche Rede
    bis in den Wipfel, verästelt sich.
Oder Wünsche, die sich versteigen:
    Baum will ich sein.

KURZGEFASSTE GEDICHTE

Ich habe nur euch.

Ihr reimt euch auf nichts.

Den Wald im Rücken, vor mir die See,

schrieb ich Wörter in Zeichnungen,

denen, was grad zur Hand war,

Motiv wurde: Heines Zuckererbsen,

ich unterm spitzen Hut,

der Hund, die Kühe am Zaun,

Bäume vereinzelt,

der Distelzweig.

Jetzt laß ich euch laufen,

auf daß ihr ausplaudert,

wie mir geschah im August.

Gedichte, kurzgefaßt

oder in Strophen gerottet,

ihr werdet nicht müde

auf schattenlos langem Weg;

noch immer nicht mundtot,

hab ich euch Beine gemacht.

AUF SUCHE

Im Laub stochern,
  Gebüsch teilen,
    unter Eichen, im Nadelholz,
      wo Birken anrainen,
        tief im Erlengebüsch,
          nahe morschem Geäst,
            zwischen Mooskissen, an Wegrändern,
              wo Wald sich lichtet,
                weglos im Traum noch
                  und immer den Rüssel erdwärts;
ruhelos ich, das alte Trüffelschwein ...

LETZTE RUNDE

Noch einmal abtauchen im mannshohen Farn
    und nach wüstem Jahrhundert
      verjüngt wieder da sein.

Das Buchenpaar küssen
    und unter Eichen schnüffeln: da,
      aus vorjährigem Laub
        einzeln der Steinpilz, noch jung
          laß ich ihn wurzeln,
            den Schnecken zum Fraß.

Die Tasche gepackt.
  In der Mappe kichern fixiert
    benutzte Papiere: die Ausbeute meiner Not.

So mach ich mich stark
    gegen den Andrang kommender Tage.
      Mag doch das gleichgestimmte Pack
        mir seine Ekelpakete
          druckfrisch frei Haus liefern;
            ich verweigere die Annahme.

WAS BLEIBT

Im Verlauf dreier Jahre,
    in denen das Übliche geschah,
        schrieb ich mit Lust, unter Schmerzen
            und anhand von Hilfsmitteln auf,
                was von der Wirrnis
                    und aus dem Gefälle junger Jahre
                        zu erinnern war,
                            bis alles zum Buch wurde;
                                dabei geriet ich –
                                    weil leicht zu verführen –
                                        ins Erzählen.

Dann aber schnitt ein Jemand,
    geschickt im Gewerbe der Niedertracht,
        einen Satz aus dem weitläufigen Gefüge
            und stellte ihn aufs Podest,
                gezimmert aus Lügen.

Immerhin blieben restliche Sätze.

GOETHE: WANDERERS GEMÜTSRUHE

Über's Niederträchtige
Niemand sich beklage;
Denn es ist das Mächtige,
Was man dir auch sage.

In dem Schlechten waltet es
Sich zu Hochgewinne,
Und mit Rechtem schaltet es
Ganz nach seinem Sinne.

Wandrer! – Gegen solche Not
Wolltest du dich sträuben?
Wirbelwind und trocknen Kot
Laß sie drehn und stäuben.

ZEITVERGLEICH

Als er im Jahr nach Leipzig
  noch immer den Orden von Napoleons Hand
    auf breiter Brust zur Schau trug,
      erfuhr Goethe das Niederträchtige
        und reimte es auf das allzeit Mächtige.

Doch erst im Jahr neunzehn,
  als die versammelten Fürsten zu Karlsbad
    die Spitzen der vielbesungenen Freiheit kappten,
      nahm er das Gedicht "Wanderers Gemütsruhe"
        im "Buch des Unmuts" auf.

Weil beileibe kein Goethe und ohne ein Möbel,
  das mir als Divan bequem wäre,
    will ich nicht warten, bis sich der Wind legt,
      zumal die Karlsbader Beschlüsse
        auf medial neuesten Stand gebracht sind.

Deshalb sage ich jetzt schon, wo – in Frankfurt am Main –
  das Niederträchtige als das Mächtige
    Hochgewinn zieht und trocknen Kot wirbelt,
      verzichte sonst aber – bei aller Not –
        auf überlieferte Reime.

Die Gedichte, Lithographien und Zeichnungen
entstanden im Sommer und Herbst 2006.

1. Auflage Februar 2007

Lektorat:
Helmut Frielinghaus

Buchgestaltung:
Günter Grass, Gerhard Steidl, Claas Möller

© Steidl Verlag, Göttingen 2007
Alle Rechte vorbehalten

Lithographie: Steidl
Druck: Steidl, Göttingen

Printed in Germany

ISBN 978-3-86521-421-8